Ar y Beic i Ewrop

I gyd-fynd â Taith Iaith 3

Elin Meek

Cyhoeddwyd gan **Y Ganolfan Astudiaethau Addysg**, Aberystwyth gyda chymorth ariannol Awdurdod Cymwysterau, Cwricwlwm ac Asesu Cymru. Gwefan: www.caa.aber.ac.uk

ISBN: 1 84521 028 X
ISBN: 1 84521 030 1 (set)

Golygwyd gan Fflur Pughe a Non ap Emlyn
Dyluniwyd gan Richard Huw Pritchard

Diolch i Aled Loader, Luned Ainsley, Ann Lewis, Angharad Evans, Gwenan Nicholas a Dafydd Roberts am eu harweiniad gwerthfawr.

Argraffwyr: Gwasg Gomer

Cydnabyddiaethau
Mae'r cyhoeddwyr yn ddiolchgar i'r canlynol am ganiatâd i atgynhyrchu deunyddiau:

Richard Huw Pritchard	tud. 3, 5
Anne Lloyd Cooper	tud. 4
Getty Images	tud. 7, 8, 10, 11, 13, 15, 17
Elin Meek	tud. 9, 11, 14, 19
Hedd ap Emlyn	tud. 18

Gwnaethpwyd pob ymdrech i olrhain a chydnabod deiliaid hawlfraint. Bydd y cyhoeddwyr yn falch o wneud trefniadau addas gydag unrhyw ddeiliaid na lwyddwyd i gysylltu â nhw.

Pacio!

Rydw i'n gyffrous iawn.

Yfory, mae fy nghariad, Siôn, a fi'n mynd ar ein gwyliau.
Dydyn ni ddim yn mynd ar wyliau fel pawb arall. Ddim mewn awyren.
Ddim mewn bws. Rydyn ni'n mynd ar foto-beic – i Ffrainc, Y Swistir,
Awstria, Slofacia, Gwlad Pwyl, Gweriniaeth Tsiec a'r Almaen.

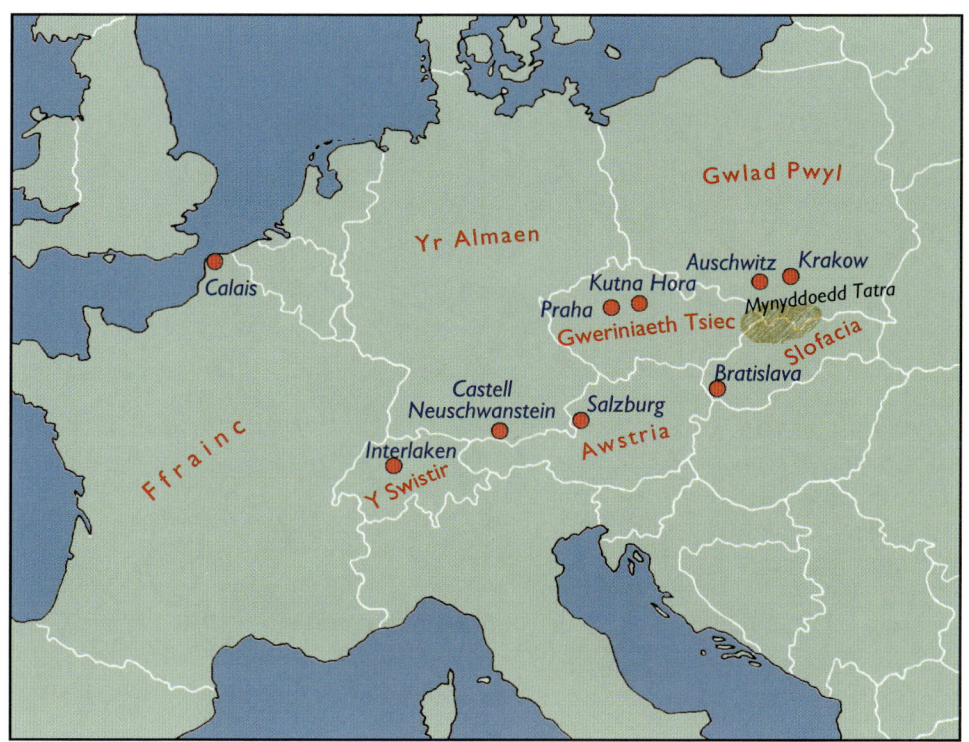

Rhaid i mi ddechrau pacio. Y broblem ydy, does dim llawer o le. Dim ond un *panier* bach. Ac rydyn ni'n mynd am dair wythnos! Sut ydw i'n mynd i bacio popeth rydw i eisiau?

Wel, rhaid i fi ddewis:

un pâr o sandalau (dim ond un!)

un siwmper

pedwar crys-T

dau bâr o siorts

digon o ddillad isaf am wythnos

dau bâr o sanau (gobeithio bydd hi'n braf!)

Bydda i'n gwisgo jîns, esgidiau trwm a siaced ledr ar y moto-beic – a helmed, wrth gwrs!

Well i fi bacio – bydda i'n ysgrifennu eto ar ôl cyrraedd Ffrainc. Hwyl am y tro!

I ffwrdd â ni – i Ffrainc!

Erbyn y bore yma, roedden ni'n barod i fynd. Rhoiodd Siôn bopeth ar y beic:

y babell

dau *panier*

bag mawr gyda'r sachau cysgu a'r stôf fach

Yna, tua naw o'r gloch, dringon ni ar y beic ac i ffwrdd â ni! Roedden ni'n gallu siarad â'n gilydd achos roedd *intercom* yn yr helmedau. Roedd hynny'n neis iawn.

Mewn awr, roedden ni'n gadael Cymru. Amser cinio, arhoson ni oddi ar yr M4 i fwyta. Ymlaen â ni eto. Cyrhaeddon ni Dover tua hanner awr wedi dau. Roedd y fferi'n gadael am chwarter wedi tri!

Cawson ni fwyd ar y fferi ac roedd hi'n braf gallu cerdded o gwmpas unwaith eto. Aeth yr amser yn gyflym. Cyn bo hir, roedden ni'n gyrru oddi ar y fferi – yn Ffrainc.

"Cofia yrru ar y dde!" dywedais i wrth Siôn dros yr *intercom*.
"Diolch am dy help!" atebodd e.

Doedden ni ddim eisiau gyrru llawer ar ôl cyrraedd. Felly, stopion ni mewn gwesty modern wrth ochr y draffordd am y noson.

Diwrnod hir o deithio!

Dydw i byth, byth, eisiau mynd ar foto-beic eto!

Codon ni'n gynnar ac yn syth ar ôl brecwast, i ffwrdd â ni. Gyrron ni ar hyd y draffordd. Roedd rhaid talu, ond roedd hi'n gyflym.

Stopion ni sawl gwaith i gael rhywbeth i'w fwyta. Daeth llawer o feicwyr eraill i siarad â ni. Ces i sioc pan welais i un ferch. Agorodd hi ei siaced ledr, a doedd hi ddim yn gwisgo crys-T, dim ond bra!

"Wyt ti'n mynd i wisgo fel 'na?" gofynnodd Siôn i mi.
"Nac ydw, dim diolch!" atebais i.

O'r diwedd, cyrhaeddon ni'r Swistir. Cawson ni le i aros mewn gwersyll ar lan llyn ger tref o'r enw Interlaken. Codon ni'r babell yn gyflym. Roedd fy nghoesau'n teimlo'n rhyfedd. Roeddwn i wedi bod ar y beic drwy'r dydd!

Wedyn, coginion ni ein pryd cyntaf ar y stôf fach. Dim byd cyffrous, dim ond ffa pob! Roedd bara gyda ni hefyd. Dim ond afal oedd i bwdin.

Doedd y gwely yn y babell ddim yn gyfforddus iawn. Roedd y matiau o dan y sachau cysgu'n denau iawn. Ond cysgon ni'n syth!

Diwrnod tawel

Beth oedd y peth cyntaf glywon ni y bore yma? Cloch! Roedd buwch yn y cae nesaf yn gwisgo cloch am ei gwddw.

Ar ôl bwyta ychydig o frecwast, cerddon ni i mewn i Interlaken.

Roedd Interlaken yn dref hyfryd a glân. Roedd llawer o siopau watshis yno. Doedd dim arian gyda ni i brynu watsh . . . ond roedd arian gyda ni i brynu siocled – ac roedd llawer o siopau siocled yn Interlaken!

Cawson ni goffi yn un o'r caffis ar y stryd. Hyfryd iawn!

Wedyn, aethon ni yn ôl at y llyn. Roedd llawer o bobl yn gwneud chwaraeon dŵr – sgio ar y dŵr, hwylio a bordhwylio.

Beth wnaethon ni? Nofio, darllen – a bwyta siocled . . . a mwy o siocled! Mmmmmm!

Interlaken

Ymlaen i Awstria

"Beth am fynd i Awstria heddiw?" gofynnodd Siôn ar ôl brecwast.
"Nawr?" gofynnais i. "Beth am y prynhawn yma?"
"Na, mae'n well mynd nawr," atebodd Siôn. "Mae'r tywydd yn braf a dydy Salzburg ddim yn bell iawn."
"Iawn," dywedais i. Roedd Salzburg yn swnio'n gyffrous.

Felly, i ffwrdd â ni eto. Roedd y golygfeydd yn hyfryd a'r mynyddoedd yn fendigedig.

Mynyddoedd Awstria

Ond achos y mynyddoedd, roedd y drafffordd yn mynd drwy dwnelau. Doeddwn i ddim yn hoffi'r twnelau o gwbl:
• roedden nhw'n eithaf tywyll
• roedden nhw'n hir iawn (rhai tua 12 cilomedr!)
• roedden nhw'n llawn mwg

Roeddwn i'n teimlo'n sâl!

O'r diwedd, daethon ni allan o'r twnelau!

Gwersyll ger Salzburg

Roedd Awstria'n hardd a'r golygfeydd yn debyg iawn i'r Swistir.

Yn y prynhawn, cyrhaeddon ni wersyll ar lan Llyn Fuschl, ger Salzburg.

Parciodd Siôn y beic. Codon ni'r babell. Es i i mewn i'r babell. Yn sydyn, clywais i sŵn. BWMFF! Roedd y moto-beic wedi cwympo ar ben y babell! Roedd y tir yn feddal ac roedd stand y beic wedi symud. Felly, roedd y beic wedi cwympo! Yn ffodus, doeddwn i ddim yn eistedd lle cwympodd y beic.

Aethon ni am dro ar hyd y llyn ar ôl swper. Roedd hi'n fendigedig!

Llyn Fuschl

Salzburg

Penderfynon ni aros yma am sawl diwrnod.

Roedd y tywydd yn braf iawn. Cawson ni amser da yn y gwersyll, yn torheulo, yn nofio ac yn ymlacio.

Un diwrnod, aethon ni i ddinas Salzburg. Roeddwn i'n hoffi Salzburg yn fawr iawn. Aethon ni o gwmpas y ddinas mewn cert a cheffyl.

Salzburg

Gwelon ni'r eglwys gadeiriol, y castell, a'r tŷ lle cafodd Mozart ei eni.

Y tŷ lle cafodd Mozart ei eni

Roedd un siop hyfryd iawn yn Salzburg – siop Nadolig! Mis Awst oedd hi, ond prynais i addurniadau i'r goeden Nadolig. Addurniadau o bren oedden nhw. Roedden nhw'n fach iawn, felly roedden nhw'n gallu mynd i mewn i'r *panier*!

Un diwrnod, aethon ni i weld rhai lleoedd sy yn y ffilm, *The Sound of Music*. Roeddwn i'n teimlo fel canu!

Ymlaen i brifddinas Awstria

Roedd Siôn eisiau symud eto. Doeddwn i ddim yn siŵr! Ond, penderfynon ni yrru ymlaen i Wien, prifddinas Awstria.

Cyrhaeddon ni Wien amser cinio, a chodon ni'r babell mewn gwersyll tu allan i'r ddinas. Roedd y tywydd yn braf. Penderfynon ni fynd i ganol y ddinas ar ôl cael ychydig o fwyd.

Roedd digon i'w weld yn Wien:
- Eglwys Gadeiriol San Steffan
- Amgueddfa Gelf
- Amgueddfa Glociau
- Tŷ Opera
- Olwyn fawr Prater
- Palas Schönbrun

Olwyn Prater

Eglwys Gadeiriol San Steffan

Y Tŷ Opera

Roedd hi'n hwyr pan aethon ni yn ôl i'r gwersyll. Roedd hi'n orlawn yno, ond doedd dim ots. Roedden ni wedi penderfynu symud eto yn y bore!

Croesi i Slofacia

Pacio eto! Roeddwn i'n teimlo'n gyffrous. Nawr roedden ni'n mynd i wlad gyda iaith wahanol: Slofac!

Croeson ni'r ffin ger Bratislava. Roedden ni'n teithio tu ôl i lori fawr. Roedd Siôn eisiau pasio, ond roedd llawer o draffig.

Yna, penderfynodd Siôn basio! Roedd llawer o fwg yn dod o'r lori. Doedden ni ddim yn gallu gweld dim byd. Yn sydyn, sgrechiais i – roedd car yn dod!

Gwasgodd Siôn y sbardun, a neidiodd y beic ymlaen. Gwasgodd y beic rhwng y lori a'r car. Roedd popeth yn iawn.

"Dim problem!" meddai Siôn. Ond roeddwn i'n crynu.

Yn y prynhawn, cyrhaeddon ni'r gwersyll ger mynyddoedd Tatra. Aethon ni i gael bwyd yn y nos. Roedd e'n rhad iawn, felly cafodd Siôn ddau bwdin. Bolgi!

Mynyddoedd Tatra

Arhoson ni am ddau ddiwrnod yn y gwersyll yma.

Un diwrnod, aethon ni i gerdded yn y mynyddoedd. Roedden nhw'n hardd iawn, gyda llawer o flodau gwyllt. Anghofion ni ein camera, felly prynon ni gerdyn post gyda llun o Fynyddoedd Tatra yn y gaeaf.

Mynyddoedd Tatra yn y gaeaf

Gwnaethon ni ffrindiau gydag Almaenwyr yn y gwersyll.

"Rhaid i chi fynd i Kraków," dwedon nhw, "Mae hi'n ddinas hyfryd."
"Syniad da," dwedodd Siôn. "Beth am fynd yfory?"

Kraków, Gwlad Pwyl

Teithion ni i ardal Kraków yn y bore. Doedd y daith ddim yn hir. Felly, roedd digon o amser i fynd i'r ddinas yn y prynhawn. Aethon ni ar y tram.

Roedd ein ffrindiau ni o'r Almaen yn iawn. Roedd Kraków yn ddinas hyfryd. Roeddwn i'n hoffi sgwâr y dref yn fawr. Roedd Eglwys Gadeiriol Wawel yn wych.

Tynnais i lun o arch arian Sant Sanislav, nawddsant Gwlad Pwyl. Yna, dringon ni i fyny'r twr i weld cloch enfawr – cloch Zygmunt. Roedd hi dros 400 oed.

Arch arian Sant Sanislav

Cloch Zygmunt

Ces i amser i fynd i siopa hefyd. Prynais i grys T newydd.

Coginion ni swper yn y gwersyll a bwyton ni wrth y 'bwrdd' arbennig – sedd y beic!

Auschwitz

Doedd gwersyll Auschwitz ddim yn bell o Kraków.

Roedd Siôn a fi wedi dysgu am hanes y Natsïaid yn yr ysgol. Roedden ni wedi dysgu am wersyll Auschwitz hefyd. Bu farw tua 2,000,000 o bobl yma. Doedden ni ddim eisiau mynd i Auschwitz, ond roedd rhaid mynd.

Gwelon ni'r glwyd enwog gyda'r geiriau *Arbeit macht frei.*

Clwyd enwog Auschwitz

Gwelon ni ffilm am y gwersyll. Yna, cerddon ni o gwmpas a gwelon ni
• y siambrau nwy
• yr adeiladau lle roedd y carcharorion yn byw
• arddangosfa arbennig

Gwelon ni eiddo'r carcharorion hefyd – cesys, esgidiau, dillad, sbectols a ffotograffau. Pan welais i esgidiau'r plant, dechreuais i grio. Roedd brwshys dannedd a gwallt yno hefyd. Roedd meddwl am beth ddigwyddodd yn Auschwitz yn ofnadwy.

Mynd i Praha

Roedd hi'n bryd i ni symud eto! Roeddwn i'n edrych ymlaen at deithio i Praha.

Pan ddihunon ni, roedd hi'n bwrw glaw. Doedd pacio popeth a theithio ar feic yn y glaw ddim yn hwyl. Ond roedd rhaid mynd. Ar y ffordd, cawson ni gi poeth. Roedd e'n blasu'n rhyfedd. Ond roedd eisiau bwyd arnon ni.

Roedd y gwersyll yn wahanol iawn – gardd fawr oedd e! Gardd tŷ! Ond roedd cawod a thoiledau yno.

Yn anffodus, roedden ni'n sâl yn y nos. Yn sâl iawn, iawn. Roedd y ci poeth **yn** rhyfedd.

Praha

Yn y bore, roedden ni'n teimlo'n well – ychydig! Felly, aethon ni ar y bws i'r ddinas.

Roedd Praha yn hyfryd iawn, iawn! Roedd adeiladau hardd iawn yno, ac ar Neuadd y Dre roedd cloc arbennig. Roedd llawer o bobl yn aros i weld y cloc yn taro. Roedd clychau'n canu . . . yna roedd 12 o ffigurau bach yn symud . . . yna roedd ceiliog yn canu . . . yna roedd y cloc yn taro. Roedd e'n wych!

Praha

Y cloc ar Neuadd y Dre

Aethon ni i Sgwâr Wenceslas ac i'r castell. Roedd popeth mor ddiddorol a hardd!

Yn y nos, aethon ni i sioe arbennig iawn – Sioe y Theatr Ddu – SIOE WOW! Roedd dawnswyr yn hedfan dros y gynulleidfa . . . roedd pysgod lliwgar yn llenwi'r theatr . . . roedd corryn 6 metr yn cerdded dros y gynulleidfa . . . ac roedd corynnod eraill yn cerdded drwy'r gynulleidfa! Roedd e'n wych . . . ffantastig . . . arbennig iawn!

Kutna Hora

Y diwrnod wedyn, aethon ni i dref o'r enw Kutna Hora. Mae'r dref yma tua 70 cilomedr o Braha.

Roedd eglwys ddiddorol iawn yno. Roedd hi'n fach. Roedd hi'n dawel . . . ac roedd hi'n llawn esgyrn!

Eglwys Kutna Hora

Yn 1511, roedd sgerbydau tua 40,000 o bobl yno.
Roedd miloedd o bobl wedi marw o'r pla ac mewn rhyfel.
Yn 1511, trefnodd dyn y sgerbydau mewn pyramidau yn yr eglwys.
Yna, yn 1870, trefnodd dyn o'r enw Frantisek Rint yr esgyrn yn artistig – i addurno'r eglwys.
Mae pob asgwrn o'r corff mewn un *chandelier* yn yr eglwys.

Symud eto

Penderfynon ni symud ar ôl dau ddiwrnod yn Praha. Roedden ni eisiau gweld castell Neuschwanstein yn Yr Almaen.

Doedd y daith ddim yn hir. Ond roedd y gwersyll yn llawn iawn. Roedd rhaid codi'r babell ar ochr bryn. Roedd y sach gysgu'n symud i lawr y bryn drwy'r nos!

Roedd y castell yn werth ei weld. Roedd e fel castell tylwyth teg.

Castell Neuschwanstein

Ond roedd gormod o dwristiaid yno – fel ni!

Mae'r castell yn Disneyland yn debyg i'r castell yma. Mae'r logo ar ddechrau ffilmiau Disney yn debyg i'r castell yma hefyd.

Taith hir i Calais

Arhoson ni yn Yr Almaen am ddiwrnod arall. Nofion ni mewn llyn ac ymlacion ni. Hyfryd!

Yn anffodus, roedd hi'n bryd i ni deithio adre. Doeddwn i ddim yn edrych ymlaen at y daith o gwbl. Ond roedd rhaid mynd.

Teithion ni am ddau ddiwrnod. Dau ddiwrnod hir ar y beic. Welon ni ddim byd, dim ond y draffordd! Arhoson ni mewn gwesty rhad ar y ffordd.

Yna, o'r diwedd, roedden ni yn Calais. Roedden ni eisiau mynd ar y llong i Dover yn y bore. Felly, arhoson ni mewn gwesty bach yn Calais.

Cyrraedd adref

Aeth popeth yn iawn ar y daith adref. Doedd y môr ddim yn stormus, a doedd dim gormod o draffig, diolch byth!

Ar y ffordd adre, siaradon ni dros yr *intercom* am ein gwyliau. Roedd llawer o atgofion da gyda ni. Roedden ni wedi gweld a gwneud llawer o bethau diddorol. Ond roedd Siôn yn meddwl am y gwyliau nesaf yn barod.

"Beth am fynd i Norwy, Sweden a'r Ffindir ar y beic y flwyddyn nesaf?" gofynnodd e.
"Iawn, cariad," atebais i. Rydw i'n edrych ymlaen yn barod!